MW01173124

CÓMO DOMESTICAR A UN FUCK BOY

12 Pasos para Domar a un F*ck Boy

Por

Emmanuel Simms

ISBN:

DEDICACIÓN

A todas las personas a las que he herido
involuntariamente en mi pasado,

Sin saberlo, yo era un GPSMF. La comprensión fue
lenta, la curación aún más lenta. Espero sinceramente
que estés bien y encuentres la paz.

Que este viaje ofrezca tanto una comprensión como
una rama de olivo a los momentos en que flaqueamos,
los corazones que se fracturaron y las lecciones
que finalmente nos llevaron a la claridad.

En crecimiento, en reflexión y con la
esperanza de un mañana mejor.

INTRODUCCIÓN: EL FENÓMENO GPSMF: ENTENDIENDO EL LABERINTO DE RELACIONES MODERNO

Ah, la era moderna, una época gloriosa de maravillas tecnológicas, leches alternativas y... ¿GPSMF? Si has leído este libro, o tienes una obsesión enfermiza con acrónimos desconocidos o estás enredado en la caótica red de una Grandiosa Mujeriego Shittart Mother F**ker (GPSMF para abreviar, porque seamos sinceros, eso es un gran bocado).

Bienvenida, alma valiente. Es posible que el viaje de tu relación haya sido un poco más accidentado que la mayoría, lleno de más giros y vueltas que un reality show, pero no temas. Esta guía es tu hoja de ruta a través del laberinto, salpicada de una buena dosis de humor porque a veces, si no te ríes, lloras. O tirar cosas. Ambos están mal vistos en la mayoría de los entornos públicos.

Ahora bien, ¿qué es este fenómeno GPSMF? Imagínate esto: un individuo suave y encantador que te deja boquiabierto, solo para dejarte caer cuando aparece la siguiente cosa brillante. ¿Te suena familiar? Bueno, no estás solo. En este libro, exploraremos las complejidades de domar (o llegar a un acuerdo) con el omnipresente GPSMF que se ha infiltrado en tu corazón.

Pero primero, un poco de historia. ¿Cómo llegamos a este panorama de relaciones infestado de GPSMF? Tal vez sea la influencia de la cultura del deslizamiento hacia la derecha, donde las opciones son abundantes y la capacidad de atención no lo es. O tal vez sea el tentador encanto del tropo del "chico malo" o la "chica salvaje", propagado por películas en las que el protagonista "arregla" mágicamente a su interés amoroso en los créditos finales. Alerta de spoiler: la vida real no viene con un guión.

"¿Por qué este libro?", te preguntas en voz alta, o tal vez internamente si estás rodeado de mascotas potencialmente críticas. Porque en medio de la gran cantidad de libros de consejos sobre relaciones que prometen caminatas a la luz de la luna y conversaciones libres de conflictos, existe la necesidad de algo real, crudo y con lo que se pueda identificar. Una guía que reconoce el desorden del amor moderno, pero ofrece consejos prácticos (y algunas risas) para navegarlo.

Así que, tanto si eres un imán GPSMF experimentado como si simplemente te sumerges en las caóticas aguas del romance moderno, abróchate el cinturón. Este viaje es en parte autodescubrimiento, en parte navegación de relaciones, y totalmente entretenido.

Vamos a sumergirnos, ¿de acuerdo?

PASO 1
ADMITIR

Reconocer el GPSMF en tu vida

Al igual que cualquier otro programa de 12 pasos, el primer paso es admitir. Admitir que tienes, bueno, un chico de del que estás locamente enamorado. Sí, has leído bien. Y no hay nada que puedas hacer con esos latidos cardíacos agitados o ese extraño giro de estómago cada vez que envían mensajes de texto. Cualquier "domador de" experimentado o una sufrida persona casada te dirá que solo hay dos formas de manejar a un. Uno, hacer las maletas y salir a la carretera, o dos, lo que la mayoría de las almas bien intencionadas pero potencialmente equivocadas intentan hacer: domesticarlas. Creen que si los colman de amor, comprensión y productos horneados ocasionales, la transformación de fuckboy a pareja fiel sucederá mágicamente.

¡Error! Sistema no compatible. De esa manera, amigo mío, a menudo conduce a la angustia. Y, si eres lo suficientemente valiente (u optimista) como para ponerle un anillo, un divorcio podría ocurrir entre seis meses y seis años. Confía en mí; Sucede más a menudo de lo que piensas.

Ahora, si elegiste este libro, o bien el título te pareció una delicia descarada o estás buscando genuinamente consuelo y sabiduría sobre cómo navegar por este desafiante terreno de relaciones. Después de todo, el corazón quiere lo que quiere. Es así de terco. Este libro no está aquí para castigar o juzgar. Ya sea que seas un hermano, una hermana o cualquier otro lugar, lidiar con un fuckboy no es un paseo por el parque. El amor es real, palpable y poderoso. Es tan genuino como los problemas de salud mental y, a veces, igual de complejo. Al igual que cualquier otro comportamiento adictivo con el que la gente quiere ayuda para coexistir, a menudo hay un programa de 12 pasos. Así que, bienvenidos a la nuestra.

Ahora, aclaremos algo vital: etiquetar a alguien como "fuckboy" no lo marca inmediatamente como el villano de tu comedia romántica personal. Lo siento por los fuckboys; De verdad, lo hago. Especialmente porque serlo a menudo no es una elección consciente, al menos, no inicialmente. Ser un fuckboy solo se solidifica como una elección de estilo de vida si uno continúa siéndolo después de su momento de autoconciencia. ¿Lo admitirán? No es probable. ¿Un verdadero de color azul preferiría afirmar que ha visto un unicornio que confesar sus costumbres, y uno reformado? Bueno, esquivaban el tema, pero principalmente por culpa persistente.

Pero no hagamos una fiesta de lástima por estos comportamientos. La misión aquí es empoderarte a *ti*. Para ayudarte a entenderte a ti mismo primero y luego al encantador enigma con el que estás lidiando. Un anuncio de servicio público rápido: este libro no reemplaza el asesoramiento o la terapia profesional. Si sientes que estás por encima de tu cabeza, no hay que avergonzarse de buscar ayuda profesional. Hay muchos programas y consejeros fantásticos por ahí.

El momento 'Ajá': Reconocer que tienes un GPSMF

Es una tarde soleada, los pájaros cantan, tu café con leche tiene la cantidad correcta de espuma y, de repente, te golpea. El príncipe o la princesa azul con la que has estado soñando despierto, contándole a tus amigos y probablemente dedicándole canciones de Taylor Swift, podría ser solo un GPSMF. ¡Un jadeo dramático!

Comienza sutilmente: tal vez una pequeña mentira piadosa sobre dónde estaban el viernes pasado, o esa "amistad" extrañamente íntima con alguien que juraron que era solo un "compañero de estudio". Es como armar un rompecabezas con unas pocas piezas que... no encajan.

También empiezas a notar otras cosas. Siempre llegan tarde o cancelan planes en el último minuto. Siempre están hablando de sí mismos y nunca parecen preguntarte sobre tu vida. Comienzas a sentir que estás caminando sobre cáscaras de huevo a su alrededor, y siempre estás tratando de complacerlos.

Y luego, un día, tienes el momento 'ajá'. Te das cuenta de que no estás en una relación sana. Estás con alguien que constantemente te miente, te manipula y se aprovecha de ti. Estás con un GPSMF.

Es difícil darse cuenta de ello, pero es el primer paso para salir de una relación tóxica. Una vez que te des cuenta de lo que está pasando, puedes empezar a tomar medidas para protegerte. Puedes establecer límites, puedes dejar de poner excusas por su comportamiento y puedes empezar a seguir adelante con tu vida.

No es fácil, pero vale la pena. Mereces estar en una relación con alguien que te ame y te respete. Mereces estar con alguien que sea honesto contigo, que sea confiable y que te haga sentir bien contigo mismo.

Así que si crees que podrías estar en una relación con un GPSMF, no tengas miedo de pedir ayuda. Hay personas que se preocupan por ti y que quieren ayudarte a salir de esta situación. Puedes hacer esto.

De Hollywood a la realidad

Las comedias románticas a menudo representan el amor y las relaciones de una manera muy idealista. La pareja suele superar todos los obstáculos y termina juntos, viviendo felices para siempre. Sin embargo, en la vida real, las cosas no siempre son tan simples. A veces, el chico malo no cambia su forma de ser después de que aparecen los créditos. De hecho, incluso puede volver a sus viejos hábitos. Esto puede ser algo difícil de aceptar, especialmente si estás enamorada del chico malo.

Si estás en una relación con un chico malo, es importante recordar que mereces estar con alguien que te trate bien y te respete. Si el chico malo no está dispuesto a hacer eso, entonces tienes que seguir adelante. No es fácil admitir que estás locamente enamorado de un chico malo, pero es el primer paso hacia la claridad. Tienes que quitarte esas gafas de color de rosa y ver tu relación como lo que es: un desafío, una curva de aprendizaje y, a veces, una comedia de situación.

Si estás dispuesto a trabajar, entonces existe la posibilidad de que puedas hacer que las cosas funcionen con el chico malo. Sin embargo, es importante ser realista acerca de sus expectativas. Es posible que el chico malo nunca cambie su forma de ser por completo. Pero si estás dispuesto a aceptarlo por lo que es, entonces es posible que puedas tener una relación feliz y satisfactoria.

En última instancia, la decisión de quedarse o no con un chico malo depende de ti. No hay una respuesta correcta o incorrecta. Solo asegúrate de que estás tomando la decisión por ti mismo, y no porque pienses que es lo que se supone que debes hacer.

Las múltiples caras de los GPSMF

Aquí hay un giro en la trama: los GPSMF no son de talla única. Vienen en todas las formas, tamaños y géneros. Desde el encantador de Casanova hasta el fóbico al compromiso, desde el experto en migas de pan hasta el fantasma, el reino de GPSMF es diverso y expansivo.

Pero, ¿por qué admitir?

Porque, querido lector, el reconocimiento es el precursor de la acción. Hasta que no reconozcamos el GPSMF en nuestras vidas, somos como hámsters en una rueda, corriendo en círculos, preguntándonos por qué no estamos llegando a ninguna parte.

Admitir no se trata solo de etiquetar a tu pareja. Es un espejo que refleja nuestras elecciones, nuestros patrones y, a veces, nuestras tendencias masoquistas para el drama. Es reconocer que, tal vez, somos adictos a la emoción de la montaña rusa, a la incertidumbre, al baile de 'lo harán-no lo harán'.

Anécdota del callejón: Mi cita GPSMF

El compañero de cuarto 'sorpresa'

Lucy estaba perdidamente enamorada de Dave, un guitarrista suave con una inclinación por la poesía nocturna. Después de un torbellino de tres meses, mencionó que estaba buscando un lugar. Lucy, en su neblina inducida por el amor, le ofreció su habitación libre. Una semana se convirtió en dos, y pronto los "compañeros de banda" de Dave terminaron cada dos noches, convirtiendo su pacífica morada en un estudio de improvisación las 24 horas del día, los 7 días de la semana. ¿Y quién no vio nunca un céntimo de alquiler o esos bocadillos que desaparecen misteriosamente? Lucy. Cada vez que intentaba abordar el tema, Dave jugaba la carta de "trabajar en nuestra gran oportunidad" y le daba una serenata para que se sometiera. No fue hasta que Lucy llegó a casa y encontró a Dave dando "lecciones de guitarra" a una rubia sospechosamente risueña que se dio cuenta de que su generosa oferta la había convertido en la propietaria de un GPSMF de grado A, o Guy Playing Someone Else's Money.

Lucy era una persona amable y generosa, y siempre había estado dispuesta a ayudar a los necesitados. Pero cuando conoció a Dave, estaba cegada por el amor y no vio las banderas rojas que estaban justo frente a ella. Dave era un moocher y un usuario, y se aprovechó de la amabilidad de Lucy. Nunca pagó el alquiler, comió su comida e incluso llevó a sus compañeros de banda a ensayar en su apartamento. Cuando Lucy finalmente lo confrontó al respecto, él simplemente se hizo la víctima y dijo que estaba "trabajando en su gran oportunidad". Lucy estaba desconsolada, pero sabía que tenía que echar a Dave de su apartamento. Estaba cansada de que se aprovecharan de ella y se merecía algo mejor.

Lucy aprendió una valiosa lección de esta experiencia: es importante tener cuidado a quién dejas entrar en tu vida. El hecho de que alguien sea encantador y diga todas las cosas correctas no significa que sea una buena persona. Es importante confiar en tu instinto y no tener miedo de defenderte.

El fantasma del texto

Sarah y Jake tuvieron una primera cita electrizante. Cenas, películas, llamadas telefónicas a altas horas de la noche: era perfecto para los libros de texto. Sin embargo, había una trampa. Cada vez que Sarah intentaba precisar un plan, Jake desaparecía misteriosamente, solo para aparecer con un mensaje de texto de disculpa "adorablemente" horas o, a veces, días después. Siempre tenía historias descabelladas: abducido por extraterrestres, ayudando a una misteriosa mujer a dar a luz en un ascensor o un repentino viaje de negocios al Triángulo de las Bermudas. Sarah, siendo la compañera comprensiva, se rió al principio. No fue hasta que recibió una postal, supuestamente de la Antártida, con las palabras: "Lo siento, me puse al día con el negocio de los pingüinos. ¡TTYL!", que reconoció que había estado entreteniendo a un GPSMF con un don para lo dramático.

El Romeo olvidadizo

Luego está Tom. Tom era el Romeo con el que toda Julieta soñaba: rosas los martes, picnics sorpresa y paseos en barco a la luz de la luna. ¡Las obras! Rita estuvo flotando en las nubes, hasta el día en que recibió un hermoso ramo de flores con una tarjeta que decía: "Para Rachel, con todo mi amor, Tom". Resultó que Tom tenía varias Julietas y había mezclado sus entregas. Rita estaba desconsolada, por supuesto, pero también un poco impresionada por las (malas) habilidades de gestión de Tom. ¿Quién iba a decir que los GPSMF podían ser tan ingeniosamente románticos?

Llegar a un acuerdo y seguir adelante

Al final de este capítulo, si te has identificado con una fracción de los cuentos de GPSMF, date una palmadita en la espalda. El corazón quiere lo que quiere, pero ¿la mente? La mente está ahora informada. Y mientras recorremos este camino juntos, recuerden: reconocer el GPSMF es la mitad de la batalla.

Continuará... en el laberinto de las relaciones modernas!

PASO 2
CREYENTE

De los sueños de cuento de hadas a la comprobación de la realidad: confiar en el cambio potencial

Seamos realistas; A todo el mundo le encantan los cuentos de hadas. Toda la premisa de "La Bella y la Bestia" es que con suficiente amor y paciencia, incluso las bestias más salvajes pueden ser domesticadas. Pero la vida no es una película de Disney, y los GPSMF no son criaturas peludas que esconden un corazón principesco debajo. Cuando se trata de un GPSMF, es tentador envolverse en el capullo del "potencial", creyendo que debajo de esas banderas rojas se esconde un corazón de oro esperando a ser descubierto. Sin embargo, es esencial diferenciar entre el potencial de crecimiento genuino y el espejismo brillante de una transformación que nunca va a suceder.

Pepita de Oro: Recuerda siempre que no eres un terapeuta (a menos que lo seas, entonces... libro diferente). No es tu trabajo arreglar a alguien. Cree en su potencial, pero asegúrate de que se base en la realidad y no solo en tus esperanzas.

La autoestima en el mundo de los GPSMF

Es fácil perderse en las mareas turbulentas de una relación GPSMF. Los altibajos son extáticos, ¿y los bajos? Bueno, pueden sentirse como el abismo. Cuando estás constantemente lidiando con la imprevisibilidad, puede erosionar tu autoestima.

Pero este es el trato: eres digno. Tu valor no está determinado por la cantidad de obstáculos que puedes superar por alguien o por la cantidad de rabietas que puedes tolerar. Y lo más importante, su valor no está sujeto a negociación. Antes de que puedas creer realmente en el potencial de otra persona, primero tienes que creer en tu propio valor.

Pepita de oro: Si no aceptarías ciertos comportamientos de un amigo, no los aceptes de una pareja. Periodo.

Cuando la creencia toma un giro cómico

¡Oh, las cosas que hemos creído!

1. Las restricciones dietéticas:

Conoce a Bella. Ella creyó cuando su GPSMF, Max, dijo que no podía responder a sus mensajes de texto con prontitud porque recientemente había adoptado una dieta vegana estricta que afectaba la agilidad de sus dedos para enviar mensajes de texto. Sí, has oído bien. Y ella solo lo cuestionó cuando él le envió un mensaje de texto rápidamente para que le entregaran pizza.

2. El Yoga de la Medianoche:

Daniel siempre parecía desaparecer durante las horas de la noche, citando un exclusivo club de "yoga de medianoche" que lo estaba ayudando a "encontrar su centro". Todo era zen hasta que su compañero de cuarto le preguntó inocentemente por qué siempre estaba en el bar local y nunca en yoga.

3. El gurú de la tecnología:

El GPSMF de Lila, Toby, explicó una vez su incapacidad para contestar llamadas afirmando que estaba probando una nueva función tecnológica para una empresa tecnológica gigante en la que las llamadas "simplemente no funcionaban" en su teléfono. Esta excusa era entretenida hasta que ella lo vio por FaceTime en un café.

La creencia, cuando está arraigada en la realidad y en la autoestima, es una herramienta poderosa. Se convierte en la base sobre la que puedes construir una relación saludable o darte cuenta de que tal vez el rascacielos que estás imaginando es más adecuado como una pintoresca casa de un piso. De cualquier manera, comienza con creer en ti mismo.

Recuerde que, mientras navegamos por el mundo de los GPSMF, es vital encontrar un equilibrio entre el optimismo, el realismo y una buena dosis de humor. Después de todo, si no podemos reírnos de los absurdos, ¿qué sentido tiene?

Barómetro de creencias: navegando por la zona gris

Cuando se trata de asuntos del corazón, pocas cosas son blancas o negras. La mayoría de nosotros residimos en la zona gris expansiva y a menudo confusa, especialmente cuando se trata de GPSMF (FuckBoys). Es por eso que hemos creado el *Barómetro de creencias*, una herramienta alegre pero esclarecedora diseñada para ayudarlo a comprender dónde se encuentran sus niveles de creencias.

◆◆ **Instrucciones:** Para cada afirmación a continuación, califique la frecuencia con la que se aplica a su relación en una escala del 1 al 5. 1 significa "Rara vez" y 5 significa "Todo el tiempo".

1. A pesar de que hay señales de alerta, creo que son solo desafíos temporales.

2. He imaginado nuestro futuro perfecto juntos más de lo que he pensado en nuestro presente.

3. Amigos y familiares me preguntan constantemente si estoy segura de mi GPSMF, pero con confianza ignoro sus preocupaciones.

4. A menudo me encuentro justificando las acciones de mi

GPSMF, incluso cuando yo mismo no las entiendo completamente.

5. En el fondo, creo que si muestro suficiente paciencia y comprensión, mi GPSMF eventualmente verá las cosas a mi manera.

6. Cada vez que las cosas van mal, me recuerdo a mí mismo ese momento, semana o mes perfecto como prueba de que las cosas mejorarán.

7. He invertido más que nunca en libros de autoayuda y columnas de consejos sobre relaciones en el último año.

8. Creo que mi GPSMF tiene el potencial de cambiar, incluso si no han mostrado signos reales de querer hacerlo.

9. Cada vez que pienso en irme, una pequeña parte de mí teme estar renunciando a lo "mejor" que me ha pasado.

10. Mi instinto de vez en cuando me dice que sea cauteloso, pero mi corazón siempre gana la discusión.

RESULTADOS:

- **10-20: Optimismo saludable:** reconoces los problemas, pero crees en el potencial de la relación. Te basas en la realidad, pero eres optimista sobre el futuro.

- **21-30: Romántico esperanzado** - Eres un soñador, y aunque eso no siempre es malo, es esencial asegurarse de no ignorar algunos problemas evidentes.

- **31-40: Realista teñido de rosa** - Estás empezando a adentrarte en la zona gris. Podría ser el momento de dar un paso atrás y reevaluar.

- **41-50: Soñador delirante** - La esperanza es esencial, pero recuerde, la creencia sin evidencia o esfuerzo mutuo puede llevar a la angustia. Busca el equilibrio y tal vez incluso el consejo externo.

El *Barómetro* de Creencias no es definitivo, ni sustituye el asesoramiento profesional. En su lugar, considéralo como una herramienta de reflexión lúdica, que te empuja a considerar cuánta "creencia" estás invirtiendo y a dónde te lleva en el laberinto de las relaciones GPSMF.

Retro Reflections: GPSMF famosos a lo largo de la historia

Imagínese a Cleopatra diciéndole a Julio César que ha desaparecido debido a un mal funcionamiento del carro o Romeo enviando un mensaje de texto a Julieta diciéndole que no puede asistir a su cita secreta debido a una cena sorpresa de la familia Capuleto. Esta sección ofrece una mirada humorística a cómo las figuras históricas podrían haber lidiado con sus propias situaciones de GPSMF, trazando paralelismos con las escapadas modernas de GPSMF y mostrando que creer en el "potencial" no es un fenómeno nuevo.

Refuerzos de creencias: afirmaciones para los cansados del GPSMF

A veces, solo necesitamos una pequeña charla motivacional. Esta sección ofrece una colección de afirmaciones humorísticas pero edificantes diseñadas para levantar el ánimo de cualquier persona que esté metida hasta las rodillas en el drama de GPSMF. Frases como: "Creo en la bondad de las personas, pero también creo en las verificaciones de antecedentes" o "Valgo más que un mensaje de texto de último minuto de '¿Te levantas?'", pueden servir como recordatorios diarios para los lectores que navegan por el complicado terreno de GPSMF.

Confesionarios GPSMF: Los lectores comparten sus momentos de "creencia"

Ah, la creencia: es una fuerza poderosa, a veces delirante, que ha hecho que muchos de nosotros pensemos, digamos o hagamos cosas que en retrospectiva parecen, bueno... absurdo. En esta divertida sección, los lectores (y algunas personas ficticias) comparten sus momentos vergonzosos de creencia ciega en sus GPSMF. Todo es muy divertido, ¡así que vamos a sumergirnos en estos cuentos confesionales!

1. Sara, 28 años:

"Una vez le creí a mi GPSMF cuando dijo que no respondió a mis mensajes durante tres días porque fue 'secuestrado por ninjas'. En lugar de alarmarme, me impresionó que escapara".

2. Mike, 32 años:

"Mi GPSMF me dijo una vez que no podía ir a la boda de mi hermano porque había sido seleccionada para estar en un 'reality show secreto'. Me jactaba de ello ante todo el mundo. Resultó que solo estaba asistiendo a la fiesta en la playa de su ex".

3. Priya, 25 años:

"Después de escuchar la misma excusa de 'perdí mi teléfono' cinco veces en un mes, realmente le creí. ¡Incluso le compré uno nuevo! Más tarde se enteró de que tenía una colección en casa, una para cada novia".

4. Lucas, 29 años:

"Cuando mi GPSMF me dijo que tenía una condición rara en la que se convertiría en un hombre lobo si se involucraba demasiado emocionalmente, pasé noches investigando las transformaciones de los hombres lobo en línea. Estaba listo para ser su Jacob Black".

5. Tasha, 30 años:

"Le creía cada vez que decía que estaba trabajando hasta tarde, solo para descubrir que su versión de 'trabajar hasta tarde' eran solo sesiones de juego nocturnas con sus amigos".

6. Alex, 26 años:

"Me dijo que se perdió nuestra cita porque tuvo que correr al aeropuerto para evitar que su mejor amiga abordara un vuelo para unirse a un circo. Parecía una película, y me lo creí, hasta que vi su historia de Instagram en un bar local".

7. Felicia, 27 años:

"Cuando me dijo que iba a asistir a una 'conferencia de susurros' en la que todo el mundo solo susurra, pasé días practicando mis habilidades de susurro para impresionarlo. Solo más tarde me enteré de que acababa de hacer una escapada de fin de semana".

¡Ahí lo tienes! Estos cuentos confesionales nos recuerdan que todos somos humanos. A veces nos dejamos llevar por las historias, a menudo porque queremos creer lo mejor de aquellos que nos importan. Si bien estas anécdotas son alegres, subrayan un punto esencial: la creencia debe basarse en la confianza y la realidad, no solo en cuentos encantadores.

PASO 3
INVENTARIO DE PATRONES DE RELACIÓN PERSONAL

Cada armario tiene sus tesoros y esqueletos escondidos. En el amplio guardarropa de nuestros corazones, hay patrones de relación que se han entretejido en el tejido de nuestras historias románticas. Hacer un inventario no se trata de culparse a sí mismo; Es un viaje de comprensión, reconocimiento y, en última instancia, crecimiento.

Los "Ex-files": Análisis de relaciones pasadas

Hannah, una enérgica periodista de unos 30 años, recuerda el día en que se sentó con una caja de cartas viejas, fotos y recuerdos, sus "ex-archivos". A medida que revisaba, los recuerdos volvían a inundarla. Se reía de algunos viejos chistes, se avergonzaba de los errores del pasado, pero lo más importante era que notaba patrones. Cada letra, cada foto parecía contar la misma historia, solo que con una cara diferente.

Hacer una inmersión analítica en tus relaciones pasadas no se trata de vivir en la nostalgia. Se trata de entender dónde has estado para averiguar hacia dónde te diriges. Cada relación, por fugaz que sea, tiene lecciones que esculpen nuestras elecciones futuras.

Detección de temas recurrentes: ¿Son los GPSMF tu relación con la kryptonita?

Al igual que Superman tiene su kryptonita, algunos de nosotros tenemos nuestra relación como talón de Aquiles. Para algunos, podría ser el encanto del "chico malo" o la "mujer misteriosa". Para otros, podría ser alguien que necesita "ser salvado".

Emma, una maestra de escuela, admite: "Siempre me sentí atraída por los hombres que parecían necesitar orientación, casi como mis alumnos. Y cada vez, terminaba sintiéndome agotada". Reconocer estos temas recurrentes, estos GPSMF en tu narrativa de amor, es el primer paso para cambiar la narrativa en sí.

Cuentos desde las trincheras: errores en las relaciones que todos hemos cometido

1. La saga de "I Can Change Him": Lisa conoció a Mark durante un campamento de verano. Era el rebelde por excelencia: chaqueta de cuero, moto y ese aire de misterio. A pesar de las advertencias de sus amigos, Lisa creyó que ella podría ser la que lo "cambiara". Tres años después, el único cambio fue en el nivel de paciencia de Lisa.

2. Los "opuestos se atraen, ¿verdad?" Cuento: Raj y Sophie provienen de dos mundos completamente diferentes. Le encantaba la música clásica; Era una chica rockera. Si bien la emoción inicial de descubrir nuevos mundos fue estimulante, pronto se dieron cuenta de que los opuestos pueden atraerse, pero también chocan con frecuencia.

3. Las crónicas de "Ignoremos esa bandera roja": Cuando Jamie notó que su novia, Clara, tenía la costumbre de ignorar sus sentimientos, optó por ignorarlo. Fue solo un defecto menor, ¿verdad? Hasta el día en que se encontró sintiéndose como un personaje secundario en su propia historia de relación.

Cada error en una relación, cada paso en falso, es un capítulo en nuestro viaje amoroso. Y si bien pueden ser algunos recuerdos vergonzosos, también son los mismos cuentos que nos definen, que nos enseñan y que nos impulsan hacia una historia de amor que realmente vale la pena leer.

Reflexiones finales:

Los patrones de relación, ya sean agradables o desalentadores, son señales esenciales en nuestro camino hacia el amor. Al profundizar en nuestros ex-archivos, reconocer nuestras kryptonitas de relación y reírnos de nuestros errores, nos equipamos para abrazar un futuro que no es solo una repetición del pasado, sino una hermosa evolución.

PASO 4
DECIDE CEDER EL CONTROL

Linda se sentó frente a su mejor amiga, bebiendo su café con leche de moca, y dijo: "Ojalá tuviera un control remoto para controlar cada uno de sus movimientos". Su amiga levantó una ceja y se rió entre dientes: "¿Como uno de esos controles remotos universales para televisores? ¡Buena suerte con eso!" Pero el sentimiento detrás del deseo de Linda es uno que resuena con muchos: el deseo de tener el control, especialmente cuando ves a un ser querido, como un GPSMF, tomando decisiones con las que no necesariamente estás de acuerdo.

Rendirse vs. Sumisión: Conozca la diferencia

Es un viejo enigma en el amor. *¿Lo suelto o me aferro más fuerte?* Jane, una terapeuta con más de 20 años de experiencia asesorando parejas, lo expresa sucintamente: "Es el arte de saber cuándo dirigir el barco y cuándo dejar que las corrientes se hagan cargo". Pero no confundas la rendición con la sumisión. Someterse es perderse a sí mismo, dejar que otro eclipse tu esencia. Rendirse, por otro lado, es una elección consciente de confiar en el viaje, entendiendo que no puedes navegar cada giro y vuelta.

El mito del 'reparador'

Ah, la historia clásica. Conoces a alguien y, en lugar de verlo por lo que es, ves un 'proyecto'. Sarah, una contadora de 28 años, recuerda: "Conocí a Jake durante la universidad. Pensé que podía cambiarlo, convertirlo de un chico fiestero en material para marido. Me equivoqué". Las películas hacen que parezca tan fácil.

El salvaje es domesticado, el malo se convierte en bueno, pero la vida real no es un guión. Jake no era el proyecto de Sarah; Era su pareja. Y eso requería un esfuerzo mutuo, no un "arreglo" unilateral.

Lo más destacado del humor: el fiasco del control remoto GPSMF

Imagina por un momento que *tienes* un control remoto universal para controlar tu GPSMF. Te sientas alegremente en tu sofá, señalando y haciendo clic. "Escucha" lo hace asentir, "Disculpa" provoca un perdón desconcertado y "Limpiar" lo hace aspirar en círculos. Pero luego, las baterías comienzan a agotarse, los comandos se vuelven locos y, de repente, está bailando el chachachá en su sala de estar sin un botón de apagado a la vista. ¿La moraleja? El control no es todo lo que parece.

Empoderamiento: La alegría de dejar ir

Pregúntale a María, quien después de una relación tumultuosa con su GPSMF, encontró fuerza en la vulnerabilidad. "Cuando dejé de intentar manipular cada movimiento, encontré la paz. No solo en nuestra relación, sino dentro de mí misma", compartió. Dejar ir no significa debilidad; Es un testimonio de tu fuerza interior, de tu capacidad para creer en la belleza impredecible de la vida.

El papel de la confianza en la entrega del control

La confianza es la base de cualquier relación duradera. Y no se construye con grandes gestos, sino con momentos cotidianos. Desde dejarle planear una cita sorpresa hasta confiar en él para manejar una crisis, se trata de los momentos colectivos que forman un mosaico de confianza. Pero recuerda, confiar en tu pareja no significa hacer la vista gorda. Significa creer en tu fuerza combinada y, cuando las cosas parezcan inestables, tener siempre fe en tus cimientos.

Reflexiones finales:

La danza del amor es intrincada, llena de caídas y giros. Y a veces, la conexión más profunda se encuentra cuando soltamos el control y confiamos en que nuestra pareja nos atrapará. En el intrincado ballet de las relaciones, permite que la música de la confianza y la comprensión guíe tus pasos.

PASO 5
LISTOS PARA EL CAMBIO

En el mundo de las relaciones, en constante evolución, una cosa permanece constante: el cambio es inevitable. Ya sea que estés navegando por las aguas turbulentas de una relación GPSMF o simplemente buscando crecer junto a tu pareja, abrazar el cambio es primordial. Pero como con cualquier viaje, esto también comienza desde adentro.

El momento espejo: mirar hacia adentro antes de apuntar hacia afuera

A todos nos ha pasado. En medio de una discusión o una discusión acalorada, es fácil jugar al juego de la culpa. Pero el verdadero crecimiento comienza cuando hacemos una pausa, nos miramos en el espejo y reflexionamos sobre nuestro papel en la dinámica de la relación.

Lucas, un ejecutivo de marketing, comparte un momento decisivo en su relación. "Siempre me apresuraba a señalar los defectos de mi pareja. Un día, en medio de un desacuerdo particularmente intenso, me vi a mí mismo en un espejo. El reflejo de mi cara roja y enojada fue una llamada de atención. Me di cuenta de que tenía que abordar mis propios problemas antes de señalar con el dedo".

Antes de buscar el cambio en los demás, es esencial estar abierto al cambio personal. Esto podría significar reconocer defectos personales, reconocer patrones dañinos o incluso buscar ayuda profesional. Porque, en última instancia, una relación involucra a dos individuos, y el cambio positivo requiere esfuerzo de ambas partes.

La evolución de una relación GPSMF: cómo se ve el cambio positivo

El cambio, especialmente en el contexto de una relación GPSMF, no se trata de una revisión completa de la personalidad. Se trata de evolución, crecimiento y respeto mutuo.

Pensemos en Jade y Alex. Cuando Jade conoció a Alex, él era el ejemplo del comportamiento de GPSMF. Pero en lugar de darse por vencida, Jade comunicó sus sentimientos. Con el tiempo, Alex comenzó a comprender los efectos de sus acciones. Comenzó a asistir a terapia, comenzó a abrirse sobre traumas pasados y juntos forjaron un camino de crecimiento mutuo.

Esta evolución no significa que Alex haya perdido su título de la GPSMF de la noche a la mañana. Significa que con comprensión, paciencia y esfuerzo, una relación GPSMF puede evolucionar hacia una de respeto y amor mutuos.

Hipo humorístico: cuando tratar de cambiar toma un giro divertido

1. La desventura del yoga: Sarah quería que su pareja, Mike, adoptara un estilo de vida más saludable. Así que los inscribió a ambos en una clase de yoga. El primer día, Mike, en un intento de dominar el 'Perro Boca Abajo', terminó causando un efecto dominó, derribando a tres compañeros participantes. Nunca regresaron a esa clase, pero el recuerdo siempre provocaba carcajadas.

2. La semana vegana fallida: Para mejorar su dieta, Robert decidió que él y su novia se volverían veganos durante una semana. Al tercer día, su novia lo sorprendió comiendo a escondidas una hamburguesa con queso a medianoche. Ambos se rieron y decidieron que tal vez una dieta equilibrada era más su velocidad.

3. Consejería de relaciones de bricolaje: Después de leer un libro de autoayuda, Emily decidió tener una "sesión de retroalimentación de relaciones" con su novio, Tom. Equipada con una pizarra y marcadores, comenzó a enumerar los pros y los contras. Una hora más tarde, el tablero estaba lleno de garabatos, chistes y un plan para sus próximas vacaciones.

El cambio puede ser desafiante, intimidante y, a veces, francamente divertido. Pero en esencia, es un testimonio de la resiliencia del espíritu humano y de los extremos a los que llegaremos, por amor y crecimiento personal.

PASO 6
ESTABLECER LÍMITES

Navegar por los mares impredecibles de una relación con un GPSMF requiere un barco robusto y una brújula aún más resistente: los límites. Pero, ¿cómo establecer las reglas sin sonar como un dictador? ¿Y hay espacio para el humor en medio de la seriedad? Como siempre, el viaje es tan importante como el destino.

El modelo de límites saludables en una relación

Imagínese construir una casa sin un plano. Los resultados serían caóticos, en el mejor de los casos. Del mismo modo, sin límites claros, una relación puede convertirse rápidamente en un laberinto de confusión y resentimiento.

Establecer límites saludables significa comprender y respetar los espacios personales y compartidos, tanto física como emocionalmente. Significa saber cuándo intervenir y cuándo retroceder. Es un diálogo en el que ambos miembros de la pareja participan, lo que da como resultado una relación en la que ambos se sienten seguros, respetados y apreciados.

Emma, terapeuta de relaciones, enfatiza: "Establecer límites no se trata de restringir a la otra persona; Se trata de crear un entorno seguro en el que ambos miembros de la pareja puedan prosperar".

El funambulismo: ser firme sin ser injusto

Los límites a veces pueden malinterpretarse como barreras, especialmente en una relación GPSMF. Lograr el equilibrio adecuado es crucial.

Tomemos a Maya y Leo, por ejemplo. Maya quería tiempo personal todas las noches para relajarse con un libro. Leo, un GPSMF por excelencia, vio esto como que ella lo alejaba. Después de varias discusiones, encontraron un término medio: Maya tendría su tiempo de lectura tranquila, mientras que Leo usaba ese período para sus pasatiempos. Este compromiso les permitió a ambos un espacio personal sin sentirse aislados.

Ser firme con los límites no significa ser rígido. Significa comprender la esencia del límite y ser flexible en su aplicación.

Momentos cómicos: cuando establecer límites se volvió absurdo

1. El incidente del tarro de galletas: Rachel estableció el límite de que su tarro de galletas especial estaba fuera del alcance de Jake, su novio goloso. Una noche, lo encontró con migas de galletas por toda la cara, afirmando que un hada de las galletas debía haberlo visitado. Se rieron, pero el frasco de galletas ahora se encuentra en un estante más alto.

2. The Bathroom Ballad: Josh y Tina decidieron establecer límites en torno a las rutinas matutinas. Josh debía permanecer fuera del baño mientras Tina la maquillaba. Al día siguiente, Josh le dio una serenata desde afuera de la puerta del baño, convirtiendo un momento que marcaba los límites en una divertida mañana musical.

3. El pacto de "no televisión": Emily y Sam establecieron un límite para no tener noches de televisión para mejorar su comunicación. Una noche, Emily sorprendió a Sam echando miradas furtivas a un televisor apagado a través de los reflejos en su pecera. Los dos se echaron a reír, dándose cuenta de que, a veces, las reglas están destinadas a ser dobladas creativamente.

Establecer límites, aunque crucial, no siempre tiene por qué ser un asunto sombrío. Con comprensión, comunicación y una pizca de humor, pueden convertirse en los pilares de una relación sólida y amorosa.

PASO 7
BUSCA LA HUMILDAD

En la danza de las relaciones, a veces somos nosotros los que pisamos los dedos de los pies. Reconocer nuestras imperfecciones y dejar de lado el deseo innato de tener siempre la razón puede cambiar la dinámica como ninguna otra cosa, especialmente cuando se trata de un GPSMF. La humildad, cuando se combina con la autoconciencia y el humor, puede ser el bálsamo inesperado para la relación que todos hemos estado buscando.

Entender que todos somos imperfectos

Nadie, ni siquiera la persona que te mira desde el espejo, es perfecto. Todos hemos cometido errores, hemos malentendido situaciones y hemos actuado de manera irracional. Reconocer estas imperfecciones es el primer paso para aceptarlas. No se trata de derribarnos a nosotros mismos, sino de entender que todos somos obras en progreso.

La Dra. Lina James, una reconocida entrenadora de relaciones, dice: "La verdadera fortaleza radica en reconocer nuestras debilidades. En la vulnerabilidad, encontramos conexiones más profundas de lo que jamás imaginamos".

Navegando el ego: el tuyo, el mío y el nuestro

Los egos pueden ser exigentes, haciendo berrinches cuando se sienten magullados o ignorados. En una relación, es un acto de equilibrio constante entre tres entidades: tu ego, el de tu pareja y el ego combinado de la relación en sí.

Recuerda, no se trata de aplastar o ignorar el ego, sino de aprender a navegar por él. A veces significa tragarse el orgullo y admitir que está mal, a veces se trata de defenderse a uno mismo, y a veces se trata de reírse de lo absurdamente grandes que pueden llegar a ser nuestros egos.

Cuentos alegres de tiempos en los que no éramos los héroes

1. El gran enfrentamiento de espaguetis: Sarah estaba segura de que su salsa de espagueti era la mejor. En una cena, discutió con su pareja, Tim, quien creía que la receta de su abuela era la reina. Ninguno de los dos se echó atrás, y lo que se suponía que iba a ser una cena romántica se convirtió en un enfrentamiento de espaguetis. Una semana después, realizaron una prueba de sabor a ciegas con amigos, y resultó ... Ninguna de sus salsas ganó. Ahora se ríen del "Gran Escándalo de la Salsa" en cada cena.

2. El "atajo" que no fue: Mark estaba convencido de que conocía el mejor atajo en su viaje por carretera. A pesar de las reservas de Lisa y las claras instrucciones del GPS, tomó su "atajo": llevarlos a un desvío de 2 horas. En lugar de regodearse, Lisa simplemente puso "Lost Highway" en el estéreo del auto, haciendo que ambos se rieran.

3. El misterio de las llaves perdidas: Ana siempre regañaba a Roberto por extraviar las cosas. Un día, después de una larga charla sobre "estar más atenta", se dio cuenta de que había extraviado las llaves. La ironía no pasó desapercibida para Roberto, quien se burló de ella convirtiéndolo en una dramática búsqueda detectivesca por la casa. Encontraron las llaves... en el bolso de Ana.

Buscar la humildad consiste en aceptar las imperfecciones y comprender que contribuyen tanto al tejido de nuestras relaciones como nuestras fortalezas. Después de todo, la perfección está sobrevalorada; Son las peculiaridades, los errores y las risas los que crean recuerdos.

PASO 8
LISTA DE RELACIONES AFECTADAS

La dinámica de GPSMF no son incidentes aislados, confinados a los límites de esa única relación. Las ondas que producen a menudo se propagan, tocando a familiares, amigos y, a veces, incluso compañeros de trabajo. Este capítulo profundiza en el impacto generalizado de las relaciones GPSMF, el arte de reparar lo que está roto y encontrar los momentos más ligeros dentro del caos.

El efecto dominó: cuando la dinámica del GPSMF afecta a otras relaciones

Al igual que una piedra arrojada a un estanque tranquilo, la dinámica de una relación tumultuosa puede enviar ondas a lo largo y ancho. Los padres se preocupan cuando ven a sus hijos infelices, los amigos sienten la tensión cuando constantemente les proporcionan un hombro para llorar o los ponen en el medio, y los hermanos a menudo se llevan la peor parte de las sesiones de desahogo.

No hay ruptura o disputa "limpia" en el mundo de GPSMF. El drama, los altibajos, la incertidumbre, no se quedan bien escondidos en un rincón de nuestras vidas. Se desbordan, dejando a muchos otros mojados en el proceso.

Reconstruyendo puentes: Avanzando después de los pasos en falso

Una de las mayores conclusiones a las que llegan los

supervivientes del GPSMF es el reconocimiento de los daños colaterales. Cuando estás en el ojo de la tormenta, es difícil ver la devastación más amplia. Pero en la calma que sigue, la vista se vuelve dolorosamente clara.

1. Diálogo abierto: Hablar es sanar. Abordar el elefante en la habitación con aquellos que han sido afectados es el primer paso hacia la reconstrucción. Ya sea disculpándose, explicando o simplemente escuchando, abrir un canal de comunicación es crucial.

2. Reinvierte activamente: Hacer las paces no se trata solo de pedir perdón. Se trata de mostrar a través de acciones que las cosas han cambiado. Ya sea que se trate de establecer límites, buscar terapia o crear hábitos más saludables, sus seres queridos necesitan ver el cambio para creer en él.

3. Deja que el tiempo sane: Es posible que algunas relaciones no se reparen de inmediato. Y eso está bien. Dale tiempo. Sigue apareciendo, sigue intentándolo y, eventualmente, los puentes comenzarán a repararse.

Laugh Break: Ese momento en el que...

1. El aniversario olvidado: Emily estaba tan envuelta en el último drama de GPSMF que olvidó el 30 aniversario de bodas de sus padres. Al darse cuenta de su descuido, les envió una divertida tarjeta que decía: "Lo siento, me perdí el gran día, estaba ocupada salvando un barco que se hundía. ¡Feliz 30 aniversario!".

2. Citas reservadas dos veces: Jake, en un intento por mantener su GPSMF alejado de una reunión familiar, le dijo la fecha equivocada. Desafortunadamente, también se olvidó de informar a su hermana, lo que resultó en dos invitados sorpresa en dos días diferentes. Su familia ahora se burla de él por sus habilidades de "doble reserva" cada vacaciones.

3. El mensaje de texto grupal accidental: Lily tenía la intención de enviar un mensaje de desahogo sobre su GPSMF a su mejor amiga. En cambio, lo envió a un grupo que lo incluía a él. ¿El nombre del grupo? "Equipo de brunch dominical". Todos se ríen de eso ahora, especialmente cuando se deciden por lugares de brunch.

Reconocer el impacto más amplio de nuestras aventuras en el GPSMF no se trata de revolcarse en la culpa. Se trata de comprender, asumir responsabilidades y avanzar con las lecciones aprendidas. Y, como todo en la vida, una pizca de humor puede hacer que el viaje sea un poco más llevadero.

PASO 9
HACER LAS PACES SIEMPRE QUE SEA POSIBLE

En el ámbito de las relaciones, particularmente aquellas que son tumultuosas, estamos obligados a pisar algunos dedos de los pies, ya sea inadvertidamente o de otra manera. Pero la sanación, tanto personal como relacional, a menudo requiere que demos marcha atrás, reconozcamos nuestros errores y, cuando sea posible, extendamos una rama de olivo. Este capítulo se centra en el poder transformador de hacer las paces, no solo por aquellos a quienes hemos lastimado, sino por nuestra propia paz mental y crecimiento personal.

Ecos del pasado: Reconociendo el dolor

Antes de hacer las paces, hay un paso crucial que muchos pasan por alto: comprender realmente la naturaleza y el alcance del dolor que podríamos haber causado. Cada relación tiene su dinámica, y en el torbellino de GPSMF, hay daños colaterales, a veces a personas a las que nunca tuvimos la intención de lastimar.

Imagina las relaciones pasadas como habitaciones en un largo pasillo. Algunas puertas pueden estar ligeramente entreabiertas, con recuerdos que se deslizan, mientras que otras pueden estar bien cerradas. Ahora es el momento de caminar por ese pasillo y empujar suavemente esas puertas. ¿Qué ves? ¿Qué sentimientos resurgen?

Tender la mano: El arte de hacer las paces

Hacer las paces no es un simple "lo siento". Es un arte que requiere sinceridad, vulnerabilidad y un deseo genuino de arreglar las cosas.

1. **Autorreflexión:** Antes de acercarse, comprenda por qué quiere hacer las paces. ¿Es para cerrar? ¿Para reconstruir la relación? Conocer tu "por qué" guiará la conversación.

2. **Elegir el momento y el lugar adecuados:** El tiempo es importante. Si han pasado años, comprenda que la otra persona podría haber seguido adelante o que el dolor aún podría estar fresco. Elige un entorno que sea neutro y cómodo para ambos.

3. **Escuchar:** Hacer las paces no es un monólogo. Es un diálogo. Escucha su punto de vista, sus sentimientos y su perspectiva.

4. **Aceptar respuestas:** No todo el mundo estará dispuesto a aceptar sus enmiendas. Y eso está bien. El gesto, si es genuino, es un paso hacia la curación, independientemente del resultado.

Historias desde el corazón: Cuando hacer las paces marcó la diferencia

1. **Sarah y la amistad perdida:** La relación de Sarah con un GPSMF la había aislado de su amiga más cercana, Lisa. Pasaron años sin hablarse. Un día, Sarah se acercó, sin esperar mucho. Hoy en día, están más cerca que nunca, a menudo bromeando sobre los "años perdidos".

2. **La reunión familiar de Tom:** La familia de Tom siempre había estado muy unida hasta que su tumultuosa relación comenzó a causar desavenencias. Después de que terminó, organizó una reunión familiar, usándola como plataforma para disculparse y volver a conectarse. Fue una velada emotiva y catártica, que marcó el comienzo de un nuevo capítulo para toda la familia.

3. **La carta de Nina:** Incapaz de enfrentarse a su ex después de darse cuenta de sus errores, Nina escribió una sentida carta. Derramó sus remordimientos, sus deseos y sus disculpas. Una semana después, recibió una postal: "Gracias. Te deseo paz".

Hacer las paces es más que un gesto; Es un viaje. Un viaje de comprensión, de crecimiento y, en última instancia, de sanación. Si bien no todos los caminos conducirán a la reconciliación, cada paso dado con intención genuina es un paso hacia la redención personal.

PASO 10
CONTINUAR CON EL INVENTARIO PERSONAL

La autoconciencia es un proceso continuo, similar a un jardinero que cuida su jardín. Si bien plantar las semillas del cambio es esencial, el verdadero trabajo radica en el cuidado meticuloso, la vigilancia vigilante de las malezas y la capacidad de adaptarse a medida que cambian las estaciones. Este capítulo enfatiza la necesidad de hacer introspección y ajustar regularmente nuestra dinámica de relación y patrones personales para asegurar el crecimiento y la armonía.

El poder de los auto-check-ins

El paisaje de nuestra mente, sentimientos y comportamientos está en constante cambio. Para navegar por este terreno dinámico, es necesario detenerse, evaluar y recalibrar periódicamente.

1. Introspecciones programadas: Reserva un tiempo dedicado cada semana o mes para reflexionar sobre tus acciones, reacciones y sentimientos. Llevar un diario puede ser una herramienta poderosa en este caso, ya que crea un registro para mirar hacia atrás.

2. Bucles de retroalimentación: Rodéate de personas que se preocupen por ti y no tengan miedo de ofrecer comentarios sinceros. A veces, la perspectiva de un extraño puede resaltar los puntos ciegos.

3. Las campanas de alarma: Reconozca sus desencadenantes. Si te encuentras cayendo en viejos patrones, ten mecanismos para retroceder. Puede ser un mantra, un confidente o un ritual en particular.

Ajustar la brújula: adaptarse al cambio

El crecimiento no es lineal. Todos enfrentamos contratiempos. La clave es ajustar nuestro enfoque en función de estas experiencias.

1. Celebra las pequeñas victorias: Cada vez que identifiques un viejo patrón y elijas de manera diferente, tómate un momento para reconocerlo y celebrarlo.

2. Acepta los fracasos como lecciones: En lugar de castigarte por las recaídas, pregúntate: ¿Qué puedo aprender de esto? ¿Cómo puedo asegurarme de que no vuelva a suceder?

3. Busque recursos externos: Los libros, el asesoramiento o las discusiones grupales pueden ofrecer nuevas perspectivas y herramientas para ayudarlo en su viaje.

Anécdotas del camino menos transitado

1. La campana de alarma de Anna: Anna tenía un método único para salir de las espirales. Llevaba una banda elástica en la muñeca y la rompía cada vez que reconocía un viejo patrón que salía a la superficie. Era su recordatorio táctil para elegir de manera diferente.

2. El retiro mensual de Raj: Una vez al mes, Raj iba a su lugar favorito en el parque, armado con un cuaderno. Pasaba horas reflexionando, escribiendo y estableciendo intenciones para el próximo mes. Era su ritual de arraigo y crecimiento.

3. Lia y sus conversaciones en el espejo: Todas las mañanas, Lia hablaba consigo misma en el espejo, discutiendo sus sentimientos, aplaudiendo su progreso y abordando sus deficiencias. Era su manera de comenzar cada día con conciencia de sí misma.

Al final, el camino hacia el crecimiento personal y las relaciones armoniosas no está escrito en piedra. Se enrolla y se retuerce, presentando tanto desafíos como recompensas. Al continuar con el inventario personal, nos armamos con los conocimientos y la adaptabilidad para recorrer este camino con gracia, resiliencia y una comprensión en constante evolución de nosotros mismos y de aquellos que apreciamos.

PASO 11
BUSCAR CRECIMIENTO

El viaje hacia la autoconciencia y la armonía en las relaciones no termina en la realización; Es una búsqueda interminable de mejoras. El crecimiento es la brújula que nos guía hacia adelante, asegurando que no nos estancamos ni volvemos a los viejos patrones. Este capítulo profundiza en las diversas vías que uno puede explorar para fomentar el crecimiento, tanto individualmente como en las relaciones.

Los pilares del crecimiento personal

El crecimiento es multidimensional, surge de varias facetas de nuestras vidas. Aprovechar diferentes fuentes nos permite desarrollar una perspectiva holística.

1. Vías terapéuticas: Comprometerse con un terapeuta profesional puede proporcionar información personalizada y mecanismos de afrontamiento. Su experiencia ofrece un enfoque estructurado para navegar por los desafíos personales y de relación.

2. Exploración literaria: Los libros sirven como ventanas al mundo y espejos que reflejan nuestras almas. Ya sea que se trate de libros de autoayuda, autobiografías o ficción, la literatura puede impartir lecciones de vida invaluables.

3. Prácticas meditativas: El mindfulness y la meditación nos anclan al presente y cultivan la paz interior. La práctica regular puede mejorar la regulación emocional, la comprensión y la compasión.

4. Consejo sabio: Los amigos y familiares de confianza ofrecen apoyo y comentarios constructivos. Sus experiencias y perspectivas pueden arrojar luz sobre áreas que podríamos pasar por alto.

Herramientas para el viaje

Buscar el crecimiento es armarse de herramientas y estrategias que aseguren el impulso hacia adelante.

1. Planes de crecimiento personal: Describe tus objetivos de crecimiento, ya sea inteligencia emocional, mejor comunicación o paciencia. Divídelos en pasos prácticos y evalúa periódicamente tu progreso.

2. Retiros de crecimiento: Tomarse un descanso del ajetreo y el bullicio de la vida diaria para centrarse únicamente en el desarrollo personal puede ser transformador. Esto podría ser un viaje en solitario, un taller o un retiro centrado en el crecimiento.

3. Recursos digitales: El ámbito en línea es un tesoro de cursos, seminarios web y foros dedicados al crecimiento personal y la mejora de las relaciones. Aprovéchalos al máximo.

Historias de transformación

1. El club de lectura de Jake: Jake comenzó un club de lectura mensual centrado únicamente en libros de desarrollo personal. No solo obtuvo información de los libros, sino que las diversas interpretaciones de los miembros de su club agregaron capas a su comprensión.

2. El retiro de meditación de Mia: Un retiro de fin de semana transformó la vida de Mia. El silencio, la introspección y las sesiones guiadas le dieron una claridad que nunca antes había experimentado.

3. Carlos y la tía Clara: Todos los domingos, Carlos pasaba una hora hablando con su tía Clara, una señora que había visto los altibajos de la vida. Su sabiduría, consejos y anécdotas fueron sus puntos de referencia.

Emprender el camino hacia el crecimiento requiere compromiso, esfuerzo y paciencia. Pero las recompensas, una mayor conciencia de sí mismo, mejores relaciones y una comprensión más profunda del tapiz de la vida, bien valen la pena. Recuerda, el crecimiento no se trata de la perfección; Se trata de progresar, paso a paso.

PASO 12
DIFUNDE EL CONOCIMIENTO

"Aprendiendo enseñarás, y enseñando aprenderás".
- Phil Collins

La culminación de este viaje no es solo la iluminación personal, sino también el efecto dominó que puede crear. Cuando has navegado por los mares tormentosos de la compleja dinámica de las relaciones y has llegado a costas más tranquilas, extender una mano amiga a los demás puede ser la experiencia más gratificante.

¿Por qué compartir es cuidar?

1. Perspectiva: A medida que enseñe, encontrará diversas experiencias y perspectivas que pueden ampliar aún más su propia visión. Es un ciclo de aprendizaje perpetuo.

2. Solidificación: Compartir lo que has aprendido refuerza tus propios conocimientos. Ayuda a enraizar sus experiencias más profundamente, lo que hace que su comprensión sea sólida.

3. Empatía: Enseñar a los demás te permite caminar una milla en los zapatos de otra persona, fomentando un profundo sentido de empatía y conexión.

Cómo pasar la antorcha

1. Iniciar conversaciones: Las discusiones casuales con amigos o conocidos pueden ser esclarecedoras. Comparta su viaje, escuche el suyo y encuentre puntos en común.

2. Organice talleres: Organice o participe en talleres que se centren en las relaciones y el crecimiento personal. Estos entornos estructurados permiten profundizar en los sujetos.

3. Bloguear o Vlogging: Compartir tus experiencias en línea puede llegar a un público más amplio. Escribe artículos, crea videos o incluso inicia un podcast.

4. Grupos de apoyo: Únase o cree grupos de apoyo donde las personas puedan compartir experiencias, apoyarse mutuamente y aprender juntas.

5. Tutoría: Toma a alguien bajo tu ala. La tutoría individual puede ser una forma muy gratificante de compartir ideas y experiencias.

Anécdotas de la difusión de las semillas del conocimiento

1. Las sesiones de los sábados de Sarah: Todos los sábados, Sarah invitaba a un pequeño grupo a su casa para una discusión sobre la dinámica de las relaciones. Estas sesiones se convirtieron en un santuario para muchos.

2. Raj's Relationship Blog: Raj comenzó a bloguear sobre sus experiencias. Lo que comenzó como una salida terapéutica pronto se convirtió en un faro para muchos que buscaban orientación.

3. Anna y la biblioteca local: Anna organizó charlas bimensuales en su biblioteca local, invitando a expertos y novatos por igual a compartir sus cuentos y técnicas.

Al final, se trata de crear una comunidad de comprensión, apoyo y crecimiento. A medida que iluminas el camino para los demás, tu propio camino se vuelve más claro. El viaje de navegar por relaciones complejas no termina con la autorrealización; Es un proceso continuo de crecimiento, intercambio y elevación mutua.

PASO 13
CONCLUSIÓN

El paso desafortunado 13: Del caos de la GPSMF a la claridad de las relaciones

Ah, paso 13. Un guiño intencionado a las supersticiones que rodean al número. En muchas culturas, los 13 años se consideran de mala suerte, pero aquí sirven como un duro recordatorio. Es la llamada de atención para decir: "¿Realmente hemos aprendido? ¿O estamos condenados a repetir los errores del pasado?" Verás, no hay un 13º paso en nuestro programa, pero hay un mundo fuera de este libro donde las acciones hablan más que las palabras. Si seguimos tropezando con las mismas trampas cargadas de GPSMF, es muy posible que estemos elaborando nuestro Paso 13: un bucle interminable de encuentros caóticos.

El camino que hemos recorrido hasta ahora no siempre ha sido fácil. A veces, se sentía como si estuviéramos tratando de encontrar la salida de un laberinto desconcertante. Sin embargo, paso a paso, a través de la admisión, la reflexión, el establecimiento de límites, la búsqueda de la humildad y más, hemos progresado.

Del caos de la GPSMF a la claridad de las relaciones: el viaje hasta ahora

Cuando comenzamos este viaje, nos embarcamos no solo en una exploración de la dinámica de las relaciones, sino también de la autoconciencia, el crecimiento y la comprensión. El camino no siempre fue fácil y, a veces, se sentía como si estuviéramos navegando por un laberinto sin salida. Sin embargo, paso a paso, a través de la admisión, la reflexión, el establecimiento de límites, la búsqueda de la humildad y más, nos acercamos más a la claridad.

La idea misma del GPSMF es una encarnación de las trampas de las relaciones de nuestra sociedad. Estos personajes, como hemos llegado a entender, no son inherentemente villanos en nuestros cuentos, sino que a menudo son producto de diversas circunstancias, tanto personales como sociales. Su comportamiento, aunque desafiante, ofrece un espejo de nuestras propias vulnerabilidades, deseos y miedos.

La verdad que debemos tener en cuenta es que los GPSMF no son solo entidades externas; Sus sombras a menudo acechan dentro de nosotros. Este viaje nunca se trató de cambiar a los demás; Se trataba de entendernos y transformarnos a nosotros mismos, descifrar nuestros patrones y forjar un camino hacia relaciones más saludables.

Abrazar el futuro, los GPSMF y todos

Al cerrar este libro, es esencial reconocer que nuestro viaje está lejos de terminar. Las relaciones, por naturaleza, son dinámicas. Evolucionan, al igual que nosotros. Nuestras experiencias con los GPSMF han proporcionado lecciones invaluables, pero son solo un capítulo en nuestra intrincada historia de relación.

Es posible que el futuro te depare encuentros con más GPSMF, pero equipado con el conocimiento, la visión y las herramientas que has adquirido, estarás mejor preparado para superar esos desafíos. Recuerda, cada relación, no importa cuán tumultuosa sea, ofrece una oportunidad de crecimiento.

Difunde tus conocimientos, apóyate en tus sistemas de apoyo y nunca dejes de buscar el crecimiento personal. Hay un mundo lleno de relaciones, cada una única y valiosa por derecho propio.

Acéptenlos, GPSMF y todo, y continúen escribiendo su historia única de amor, comprensión y evolución.

Recuerda, la vida no se trata de evitar las tormentas; Se trata de aprender a bailar bajo la lluvia.

Gracias por unirte a este viaje. Que tu camino esté lleno de comprensión, crecimiento, amor y sabiduría para navegar los desafíos que se te presenten.

SOBRE EL AUTOR

�� Emmanuel Simms: CEO de In Vivo Exposure y autor de "The Rules of a Successful Failure" ��

Emmanuel Simms no es solo un empresario, es un faro de esperanza e inspiración. Como la mente maestra detrás de In Vivo Exposure, defiende la audaz filosofía de enfrentar los miedos de frente. Su plataforma innovadora es un testimonio de su compromiso de superar los límites del potencial humano, permitiendo que las personas se liberen de las ansiedades y abracen las innumerables oportunidades de la vida con entusiasmo. ����

El alcance de la influencia de Emmanuel se extiende mucho más allá de su innovadora plataforma. También es un autor de renombre, que cautiva a los lectores con su libro "Las reglas de un fracaso exitoso". A través de sus páginas, Emmanuel ofrece una mirada cruda y sin filtros sobre cómo aceptar los contratiempos, canalizarlos en lecciones y, en última instancia, convertir los fracasos en peldaños hacia el éxito. ����

Las agudas ideas de Emmanuel sobre el crecimiento personal, combinadas con su incomparable comprensión de la capacidad humana, han encendido una chispa en los lectores de todo el mundo. Se han sentido cautivados, motivados y envalentonados para enfrentar desafíos, perseguir sueños y labrarse caminos hacia la grandeza. No es de extrañar que se haya convertido en un orador y mentor muy solicitado, especialmente en los ámbitos de la superación personal y el espíritu emprendedor. ����

Su carisma magnético, combinado con enseñanzas conmovedoras y narrativas evocadoras, han solidificado la reputación de Emmanuel como una figura transformadora. Para aquellos que anhelan un cambio profundo, el éxito en sus esfuerzos o un renacimiento en sus esferas personales y profesionales, Emmanuel Simms ofrece la luz del faro.

Sumérgete profundamente en su espíritu, déjate cautivar por "Las reglas de un fracaso exitoso" y deja que Emmanuel te guíe hacia un viaje de crecimiento, resiliencia y éxito sin igual. Abraza su visión y deja que tu trayectoria se eleve para siempre. ����

Únete al movimiento. Sumérgete en la sabiduría de Emmanuel Simms. ���� #InVivoExposure #Author #TransformationalSpeaker #EudaimoniaHealers

Made in the USA
Columbia, SC
12 December 2023

25444096R00030